Christa Dettwiler Lauber

Wenn die Seele ihre Flügel ausbreitet

W

Christa Dettwiler Lauber

Wenn die Seele ihre Flügel ausbreitet

Meditative Fantasiereisen mit Kindern

Walter-Verlag
Zürich und Düsseldorf

Für Johannes

Die Deutsche Bibliothek – CIP-Einheitsaufnahme
Dettwiler Lauber, Christa:
Wenn die Seele ihre Flügel ausbreitet : meditative Fantasiereise mit Kindern / Christa Dettwiler Lauber. – Zürich ; Düsseldorf : Walter, 1996
ISBN 3-530-30006-3

Satz: ASL Atelier für Satz und Layout, Wangen a.d. Aare
Illustrationen: Hermann Schelbert
Druck und Einband: Ebner, Ulm
Printed in Germany
ISBN 3-530-30006-3

Inhalt

An die Eltern

Die eigene Fantasie in sich entdecken

Kinder sind immer unterwegs. Mit Körper und Seele, mit Kopf, Herz und Händen entdecken sie die Welt, machen sie sich zu eigen. Aus der schier unerschöpflichen Vielfalt von Formen und Farben, von Begegnungen und Erlebnissen gilt es, die eigene Sicht der Dinge zu entwickeln. Und es geht darum, inmitten der atemberaubenden Vielgestalt der Welt den eigenen Platz zu finden. Gleichzeitig stellt der Alltag seine Forderungen mit einer Unmenge von Leistungen, die zu erbringen, aber auch mit unterschiedlichsten Verhaltensformen, die an den Tag zu legen sind. Beides Ansprüche, denen Kinder nicht immer entsprechen können oder auch nicht wollen.

Gegenwart des äußeren Chaos

Es wird in einer zunehmend schnelleren und komplexeren Welt zudem immer schwieriger, verläßliche Orientierungspunkte zu finden. Die Mehrzahl der Kinder und Jugendlichen steht auf ziemlich schwankendem Boden von Werten, Normen und verläßlichen Bezugssystemen. Zu widersprüchlich ist das Verhalten der Erwachsenen, zu unterschiedlich die Rollen jener, die als Vorbilder gelten, zu unverständlich die Signale, die sie von Medien, Modemachern und Autoritäten empfangen. Menschen, bei denen Sein und Schein, Anspruch und Wirklichkeit übereinstimmen, sind so rar wie weiße Ele-

fanten. Werte, die nicht nur als Lippenbekenntnisse zitiert, sondern gelebt werden, begegnen ihnen äußerst selten.
Es ist kein Wunder, wenn die Jugend scheinbar *ver-rückt* spielt – was auf die problematischen vorherrschenden Bedingungen in unserer Gesellschaft eine durchaus adäquate Antwort sein kann. Sind Kinder und Jugendliche mehrheitlich auf sich selbst zurückgeworfen, entwickeln sie ihre eigenen Rituale und Reaktionsmuster. Junge Löwen lernen durch Anleitung und Imitation das richtige Löwenverhalten. Junge Menschen hingegen sehen sich konfrontiert mit einer Unzahl unterschiedlichster und widersprüchlichster Lebensgestaltungsmöglichkeiten. Da ist es sehr schwer, überhaupt eine Orientierung zu finden. Es ist und war eigentlich immer schon ganz normal, daß der junge Mensch von Zeit zu Zeit – einige auch permanent – mit dem Abenteuer der eigenen Entwicklung überfordert ist. Als beliebte Fluchtwege haben sich heute das Fernsehen und die Videos, aber auch Computerspiele entpuppt. Kinder antworten auf das Zuviel und Zuschnell ihrer Umwelt mit Aggressionen und/oder ziehen sich in die Kunstwelt des Cyberspace zurück. Sie versuchen, in den elektronisch simulierten blutigen und bösen Spielen ihre inneren Konflikte und die unerträglichen aufgestauten Spannungen abzureagieren, loszuwerden. Oder sie tun sich in Banden, in Gangs, zusammen und schlagen im richtigen Leben zu.

Jede Zeit hat ihre Chance

Die Zeiten sind aber – wie immer schon – nicht nur schlecht. Das Zeitalter der Gleich-Wertigkeit und Gleich-Gültigkeit eröffnet Heranwachsenden nahezu unbegrenzte Möglichkeiten, ihre Kreativität zu entfalten, Flexibilität und situationsangepaßtes Reagieren zu üben. Es fordert junge Menschen heraus, ihr Bestes zu geben, indem es ihnen Hindernisse in den Weg stellt, ganz besonders in Gestalt von immer raffinierter werdenden Ablenkungen. Eine Möglichkeit, Kinder und Jugendliche dabei zu unterstützen, das Eigentliche und Wesentliche im Auge zu behalten, ist ihnen den Begriff des *Zeit-Habens* nahezubringen; ihnen zu zeigen, daß sie etwas Wertvolles in sich tragen, das jede Form elektronischen Entertainments weit in den Schatten stellt: ihre eigene Fantasie nämlich. Wenn es gelingt, dem Kind seine Fähigkeit, in Gedanken die herrlichsten Abenteuer, die wundersamsten Reisen, die an sein Innerstes rührenden Gefühle zu erleben – wenn das gelingt, dann ist das Kind gut für seinen Weg durchs Leben gerüstet.

Um diese Erfahrung machen zu können, um seiner generellen Überforderung entgegenzuwirken und der eigenen Entwicklung Raum zu geben, bedarf es insbesondere eines: von Zeit zu Zeit eine Ruhepause einschalten. Zeit haben, sich Zeit nehmen, um zu sich zu kommen. Nur ist das gar nicht so einfach. Fällt es schon Erwachsenen schwer genug, «zur Besinnung» zu kommen, ist es für die meisten Kinder eine schier unüberwindliche Herausforderung, die überreizte Motorik und den unbändigen Tatendrang zu zügeln, einfach stillzusitzen, Stille zu üben. Stille bedeutet zumeist Langeweile. Stillsitzen heißt oft nur: das Leben verpassen. Nichts-Tun wird nicht selten gleichgesetzt mit Nichts-Nutz.

Durch Meditation schöpferisch zu sich selbst kommen

Ein Hilfsmittel, die Qualität der Stille zu entdecken und zu erleben, ist die *Geleitete Meditation:* eine Reise, deren Ziel der Reisende selbst ist. Sie erschließt der Seele und dem Geist jene Wirklichkeit, die hinter der Fassade, hinter den Dingen liegt. Und sie hilft, den eigenen Platz im großen Gefüge zu finden. Indem die Kinder entdecken, wer sie sind, lernen sie zugleich, anderes und andere besser zu verstehen. Die Geleitete Meditation geht aus der Tradition des Geschichtenerzählens hervor. Beim konzentrierten Zuhören entwickelt das Kind ganz von selbst die passenden Bilder zur erzählten Geschichte. Auch wird dem Kind der Zugang zu seinen eigenen, verschütteten inneren Bildern wieder geöffnet.

Meditation bedeutet, das Leben schöpferisch in die eigenen Hände nehmen, statt – wie im normalen Alltag – vom Leben in die Finger genommen zu werden. *In der Meditation breitet die Seele ihre Flügel aus.* Der Mensch versenkt sich in die eigene Tiefe, in seine eigenen Beweggründe und sucht nach dem unvergänglichen Kern, der in ihm verborgen liegt. Er nimmt sich Zeit und findet Ruhe. Er wendet sich sich selbst zu und findet Harmonie. In der Meditation richtet sich die volle Aufmerksamkeit mit aller Intensität auf das Jetzt des Augenblicks. Beobachter und Beobachtetes verschmelzen zu einem einzigen. In der Meditation ist der Mensch ganz Wahrnehmung. Er ist offen und wach. In ihm und durch ihn hindurch fließt die Lebenskraft. Der Meditierende ist völlig kon zentriert auf das, was er sich vorgenommen hat: auf den Atem, auf ein Bild, auf das Licht.

In der Meditation, auf Fantasiereisen oder bei Identifikationsübungen geht es darum, das Eine hinter dem Vielen zu spüren, das, was «die Welt im Innersten zusammenhält». Das Gewebe zu erfühlen, auf dem die unendlich vielfältigen Muster des Lebens aufgestickt sind. Das Kind lernt, durch die spiegelnde Oberfläche auf den Grund zu blicken. Daraus schöpft es Kraft und Vertrauen, die Konzentrationsfähigkeit wird größer, der Blick auf das Wesentliche geschärft. Belohnt wird die investierte Zeit schließlich mit innerer Ruhe und der Gewißheit, dem Leben – in welcher Form es uns auch immer begegnen mag – gewachsen zu sein.

Anleitung

Um mit Ihrem Kind die vorgeschlagenen Übungen zu machen, brauchen Sie Zeit (zwischen 20 und 30 Minuten), einen ruhigen Ort, wo Sie beide sich wohlfühlen, etwas Fantasie und Einfühlungsvermögen. Wichtig ist, daß Sie sich die Zeit wirklich reservieren. Gucken Sie nicht ständig auf die Uhr. Denken Sie weder an Termine noch ans Einkaufen. Geben Sie sich und dem Kind das Gefühl, daß dieser Zeitraum einzig und allein für sie beide gemacht ist.

Suchen Sie sich eine der vorgeschlagenen Meditationen aus. Begleiten Sie das Kind mit sanfter, ruhiger Stimme. Wichtig ist, daß sie beide entspannt sind, bequem sitzen oder liegen und daß sie nicht gestört werden. Sie können die Übungen entweder in einem Raum oder in der freien Natur machen. Stimmen Sie sich und das Kind auf die Übung ein, indem Sie sich bewußt machen, wo Sie sind, daß Sie sich wohlfühlen, bequem sitzen oder liegen. Konzentrieren sie sich beide ein paar Minuten auf das Ein und Aus des Atems, lassen Sie das Kind die Augen schließen und machen sie sich dann zusammen auf die Reise. Sprechen Sie mit Ihrer normalen Stimme, geben Sie ihr einfach einen sanften und einfühlsamen Ton.

Mit der Zeit werden Ihnen eigene Ideen kommen, werden Sie Ihre eigenen Worte finden, eigene Geschichten, eigene Reisen in der Fantasie. So eignen sich zum Beispiel Identifikationsübungen ganz besonders gut dazu, sich mit der Welt zu verbinden und sich als Teil der Schöpfung begreifen zu lernen. Leiten Sie Ihr Kind dazu an, sich in das Dasein eines Steins, einer Pflanze oder eines Tieres hineinzuversetzen (als Anregung können Sie die Baum-Übung nehmen). Lassen Sie das Kind dann als das gewählte Identifikations-Objekt reden. Improvisieren Sie frei damit. Wichtig ist nur, daß das gewählte Objekt im Kind lebendig wird. Sie können diese Reisen entweder allein führen oder im Dialog, indem Sie das Kind seine Empfindungen mitteilen lassen. Regen Sie es dazu an, möglichst genau zu sein. Wenn es nicht weiterkommt, spinnen Sie die Geschichte ruhig weiter und stellen dann Fragen (siehe auch Schatztruhe-Übung). Im übrigen teilen Fantasie-Reisen (wie die Schatztruhe-Übung) Ihnen beiden viel darüber mit, wie das Kind an gestellte Aufgaben heran- und mit Herausforderungen umgeht, was für Wünsche oder Gedanken es im Moment beschäftigen. Lassen Sie das Kind seine Erlebnisse im Anschluß an die Meditation malen. Das vertieft nicht nur das Erlebte, solche Bilder drücken auch die Essenz der Reise ins Innere aus.

Lassen Sie sich nicht entmutigen, wenn es nicht gleich beim ersten Mal klappt. Weil Meditation meist so weit von unserem alltäglichen Verhalten entfernt ist, braucht es Zeit und

Übung, um in die Konzentration zu kommen, bis sie beide eingestimmt sind, die nötige Ruhe einkehrt und die Reise in der Fantasie zur Reise in die Seele wird.

An die Kinder

Die Welt ist voller Wunder

Die Welt ist voller Wunder. Und Du bist auf der Welt, um sie alle zu entdecken. Mit Augen und Ohren, mit Händen und Füßen, mit dem Kopf und mit dem Herzen. Und es gibt noch etwas anderes, Wunderbares zu entdecken: nämlich Dich selbst.

Es klingt komisch, aber es ist gar nicht so einfach, sich selbst kennenzulernen. Es braucht Zeit, um herauszufinden, wer wir sind, was wir können und was wir wollen. Und Zeit – so scheint es – haben wir viel zuwenig. Wir hüpfen vom einen zum andern, probieren dieses und jenes. Wir pressieren ständig und haben doch nie Zeit. Die Welt zeigt ihre Geheimnisse aber nur jenen, die sich Zeit nehmen für sie.

Die in diesem Buch vorgeschlagenen Reisen in Deine eigene Fantasie, in Dein Inneres, sind eine Möglichkeit dazu. Du wirst sehen, wenn Du sie regelmäßig machst, wirst Du die Welt immer besser verstehen. Wirst Du immer mehr spüren, wer Du bist und was Du willst. Und eines schönen Tages wirst Du plötzlich feststellen, daß alle Wunder dieser Welt in Dir verborgen sind und daß Du selbst das größte Wunder bist.

Anleitung

Für die begleiteten Reisen ins Innere brauchen Du und Deine Begleiterin, Dein Reisegefährte, etwas Zeit (zwischen 20 und 30 Minuten), einen ruhigen Ort (draußen oder drinnen), wo Ihr beide Euch wohlfühlt und nicht gestört werdet. Wichtig ist, daß Ihr Euch die Zeit wirklich nehmt. Reserviere Dir genügend Zeit, ohne an Schulaufgaben, Sporttermine oder sonst etwas zu denken.
Suche Dir zusammen mit Deiner Begleitperson eine der vorgeschlagenen Meditationen aus. Nimm Dir ein Kissen oder eine Decke und setz Dich möglichst bequem hin. Du kannst im Schneidersitz sitzen oder auf einem Stuhl, die Hände leicht auf die Knie gelegt. Achte darauf, daß Dein Rücken möglichst gerade ist. Gewisse Übungen kannst Du auch im Liegen machen (aber schlaf nicht gleich ein dabei!). Schließ die Augen, sitze oder liege einfach ein paar Minuten ruhig da. Spüre, wie Du an Deinem Lieblingsplatz sitzt oder liegst. Atme ganz ruhig ein und aus. Deine Begleitperson wird Dich auf die Übung einstimmen. Dann konzentrierst Du Dich ein paar Minuten auf das Ein und Aus des Atems, schließt die Augen und machst Dich auf die Reise.
Wenn die Stillsitze-Geschichte zu Ende ist, spring nicht gleich auf und laufe zum Kühlschrank. Sitze ein paar Minuten einfach da und laß Dir Zeit, um aus der Geschichte wieder an den Ort zurückzukehren, wo Du bist. Eine schöne

Möglichkeit, Deine innere Reise noch einmal zu erleben, ist, sie zu zeichnen oder zu malen.

Am Anfang wird es nicht leicht sein. Es wird Dir nicht sofort gelingen, Dich auf Deinen Atem zu konzentrieren. Du wirst sehen, ständig kommt Dir etwas Neues in den Sinn. Da flattern Dir die Gedanken wie Vögel durch den Kopf: Ach, ich muß noch die Schulaufgaben machen; im Fernsehen laufen Trickfilme; Mensch, ist das blöd, hier zu sitzen und meinem Atem zuzuhören... Und so weiter und so weiter. Laß die Gedanken nur kommen. Reg Dich ja nicht auf. Stelle Dir einfach vor, die Gedanken zögen wie Wolken am Himmel dahin. Sie tauchen auf am Horizont, ziehen durch Deinen Kopf und verschwinden aus Deinem Blickfeld. Laß sie einfach dahinziehen, ohne sie festzuhalten. Wenn Du merkst, daß Du an einem Gedanken hängengeblieben bist, löse Dich ganz sanft von ihm und konzentriere Dich wieder auf das Ein und Aus Deines Atems. Du wirst feststellen, daß es nach einer Weile und mit ein wenig Übung immer stiller und stiller wird in Deinem Kopf. Bis Du selbst darüber bestimmen kannst, wann Du da oben Ruhe haben willst.

Wie einfach es im Grunde ist, in der Fantasie zu reisen, soll Dir folgendes Beispiel verdeutlichen: Wenn Du jetzt das Wort «Apfel» liest, siehst Du vor Deinem inneren Auge einen schönen roten, runden Apfel. Du kannst gar nicht anders. Versuch

einmal beim Wort Apfel keinen Apfel zu sehen. Wenn Du willst, kann der Apfel blau sein oder gestreift, er kann eine Weste tragen oder eine Zipfelmütze. Du kannst Dir in Deinem Kopf alle Bilder vorstellen, die Du willst. Wenn Du eine Geschichte liest, machst Du im Kopf selbst die Bilder dazu. Ähnlich ist das mit der Geführten Meditation.
Ich wünsche Dir nun von Herzen viele schöne und erlebnisreiche Reisen in Dir selbst, zu Dir selbst.

1. Baum-Meditation

Du liegst auf der Erde. Um Dich herum ist's dunkel. Du bist eingepackt in Deine Samenhülle, in Dein eigenes winziges Haus. Du weißt nicht, was es außerhalb Deines Hauses gibt. Du bist einfach da, warm und bequem. Du brauchst nichts, Du möchtest nichts. Jetzt spürst Du Wärme durch die Schale dringen. In Dir beginnt es leise zu kribbeln. Du streckst Dich und dehnst Dich in Deiner Hülle. Sie gibt nach, öffnet sich, und Du streckst feine Würzelchen hinaus. Du spürst warme Erde, tastest darauf herum, stößt sanft und langsam in den feuchten, warmen Boden hinein. Ganz vorsichtig beginnst Du zu saugen. Ah, ist das herrlich. Mit Deinen Würzelchen saugst Du, was Du magst, aus der duftenden, dunklen Erde. Ihre Kraft dringt tief in Dich hinein, und Du reckst Dich nach oben. Durch die Wurzeln steigt die Kraft in Dir hinauf. Dein Körper stößt die Samenkapsel ab. Befreit atmest Du mit Deinem ganzen Sein die kühle Luft. Du schaust Dich um. Um Dich herum ragen riesige Bäume hinauf in den Himmel. Dir wird bewußt, daß auch Du dazu bestimmt bist, zu werden wie sie. Mit neuem Eifer ziehst Du die Kraft der Erde in Dich hinein. Du spürst, wie sie Dich stark macht. Erfrischende Wassertropfen fallen vom Himmel auf Dich herab. Du trinkst mit allem, was Du hast. Du bietest dem Wind Deinen Körper dar. Er streichelt Dich zart. Du öffnest Dich der Welt immer mehr, nimmst

dankbar und voller Freude alles in Dich auf, was sie Dir bietet.
Immer schneller wächst Du dem Licht zu. Aus Deinem Körper-Stamm sprießen Äste. Blatt um Blatt entfaltet sich auf Deinen Zweigen und reckt sich in die Sonne. Ihre Strahlen wärmen Dich bis ins Mark. Aus ihrem Licht ziehst Du Kraft zum Wachsen. Mit den Wurzeln tief in der Erde verankert, wagst Du Dich mit der Krone hinauf zum Licht, hinauf zum Himmel. Du breitest Deine Äste weit, weit aus. Wind und Regen, Sonne und Erde schenken Dir ihre Gaben. Du nimmst in tiefer Dankbarkeit alles an. Mit den Wurzeln saugst Du auf, was Mutter Erde Dir an Nahrung schenkt. Mit den Blättern trinkst Du das Licht und tanzt mit dem Wind. Mit der Krone blickst Du hinauf in den weiten, endlosen Himmel und badest im warmen Regen. Dein Körper beginnt zu blühen. Deine süß duftenden Blüten ziehen die Bienen an und geben ihnen Nahrung. Schmetterlinge streicheln Dich mit samtenen Flügeln. In Deinen Zweigen bauen Vögel und Eichhörnchen ihre Nester.
In Dir ist tiefe Freude und Dankbarkeit. Du bist ein starker, gesunder Baum. Ganz Du selbst und ganz ein Teil des herrlichen Waldes. Du darfst alles nehmen, was die Welt Dir schenkt: das Wasser, das Licht, die Wärme der Sonne, die Kühle der Nacht, die Kraft der Erde, die Kraft des Himmels.

Und Du darfst schenken, was Du zu schenken hast: Du spendest Schatten, Du bist Wohnung und Nahrung für die Tiere, Du gibst der Erde im Herbst Deine Blätter zurück. Du bist ganz Teil dieser Welt und Du bist auch ganz Dich selbst. Tief, tief atmest Du die Luft und das Licht und die Kraft der Erde in Dich hinein. Bis zu den äußersten Spitzen Deiner Wurzeln, bis in jedes einzelne Blatt, bis ganz hinauf in Deine Krone. Langsam atmest Du wieder aus und gibst der Welt von Deiner Kraft zurück. Bereicherst sie mit dem, was Du bist.

2. Aufgehoben sein in der Welt

Im Liegen

Schließ die Augen und spüre ganz einfach, wo Du bist. Du liegst ausgestreckt auf dem Bett (auf dem Boden usw.). Ganz entspannt, ganz bequem. Du mußt nichts tun, an nichts denken. Du kannst einfach daliegen und Dich wohlfühlen. Du atmest ganz ruhig. Ein und aus. Ein und aus. Du spürst, wie Deine Fersen die Matratze berühren, ganz locker und entspannt. Du atmest ein, ziehst den Atem in den Körper hinein bis hinunter in die Füße. Du atmest durch die Fersen aus. Einmal; zweimal; bis Du da unten ganz entspannt bist. Du spürst die Waden, wo sie die Unterlage berühren. Du läßt den Atem in die Waden hineinströmen und durch die Waden hinaus. Du entspannst Dich weiter. Du spürst die Oberschenkel auf dem Bett, atmest in sie hinein und durch sie hindurch aus. Spürst Du irgendwo eine Spannung oder liegst Du unbequem, bewegst Du Dich ganz faul und langsam und legst Dich so hin, daß Du Dich rundum wohlfühlst. Du wanderst mit Deiner Aufmerksamkeit weiter den Körper aufwärts. Spürst die Pobacken auf dem Bett, ziehst den Atem bis dahin und hinaus. Jetzt gehst Du in den Rücken. Du spürst ihn bequem auf dem Bett aufliegen. Du atmest ganz in den Rücken hinein und durch den Rücken aus. Die Schultern berühren die Matratze. Du spürst sie, atmest hinein und aus. Die Oberarme liegen ganz entspannt da. Du läßt den Atem in sie hinein- und durch sie hindurch ausströmen. Du spürst

die Unterarme, wo sie die Unterlage berühren, atmest ein und aus. Deine Hände liegen ganz leicht und locker auf der Matratze. Du füllst sie mit Deinem Atem, atmest durch die Hände aus. Langsam wanderst Du zurück bis zum Nacken. Spürst, wie der Nacken das Bett berührt, ganz entspannt. Du atmest hinein und aus. Du spürst Deinen Hinterkopf, wie er auf der Matratze aufliegt. Du ziehst den Atem bis in den Kopf hinein und läßt ihn durch den Hinterkopf ausströmen.
Du spürst Deinen ganzen Körper auf der Unterlage aufliegen. Du liegst jetzt ganz entspannt, ganz locker. Du ziehst den Atem in Dich hinein und läßt ihn durch Deinen ganzen Körper wieder ausströmen. Du spürst die Matratze, die Deinen Körper trägt. Sie trägt Dich ganz sicher. Du kannst Dich ganz fallenlassen. Du gehst mit Deiner Aufmerksamkeit weiter abwärts zum Bett, das die Matratze trägt. Es ist stark und stabil. Du atmest aus und gibst Dich ganz hin. Du mußt nirgends festhalten. Du wanderst mit Deiner Aufmerksamkeit zum Fußboden. Du vertraust, daß der Fußboden Dich trägt. Du läßt Dich noch ein bißchen mehr fallen. Und immer atmest Du ruhig ein und aus. Du steigst weiter hinunter zum Fundament, das das Haus trägt. Unter dem Fundament spürst Du die Erde. Sie trägt das Haus, sie trägt Dich. Du bist gut aufgehoben. Du atmest aus und läßt Dich jetzt ganz fallen.

Du weißt, daß Du getragen wirst. Nichts kann Dir geschehen. Du siehst, wie die Erde im Weltall schwebt. Sie folgt ihrer eigenen Bahn. Sie kann nicht abweichen, nichts kann ihr geschehen. Sie wird auf ihrer Bahn getragen, und sie trägt Dich mit sich. Wo immer Du bist, Du bist an Deinem Platz. Du bist wunderbar aufgehoben. Die Erde trägt Dich. Der ganze Kosmos trägt Dich. Selbstverständlich und sicher. Du darfst vertrauen, Du darfst Dich ganz und gar hingeben.

3. Himmel und Erde verbinden

Im Sitzen

Du sitzt ganz bequem und entspannt. Du spürst, wie der Stuhl, das Kissen, die Erde Dich tragen. Du atmest ganz ruhig. Ein und aus fließt der Atem, ein und aus. Geh mit Deiner Aufmerksamkeit nun zum untersten Knochen Deiner Wirbelsäule, dem Steißbein. Zieh den Atem durch Dich hindurch bis zu diesem Punkt. Du spürst, das Steißbein gibt Dir Halt, trägt Deinen Rücken. Mit Deinem Ausatmen wächst vom Steißbein aus eine silberne Schnur zur Erde, die Dich dort fest verankert. Du bist jetzt mit der Erde verbunden und kannst ihre Kraft in Dich hineinatmen.

Du ziehst diese Kraft nun langsam in die Wirbelsäule. Vom Steißbein bis ins Kreuz richtet sich Dein Rücken auf. Du atmest die Kraft der Erde in den Rücken hinein, atmest aus und spürst, wie es dort unten im Rücken Raum gibt. Bei jedem Atemzug richtet sich die Wirbelsäule weiter auf. Der Atem fließt ganz frei. Du spürst die Schnur, die Dich mit der Erde verbindet. Sie führt vom Steißbein bis zu den Schulterblättern. Du ziehst den Atem aus der Erde. Er löst alle Verspannungen. Dein Rücken wird breiter, dehnt sich aus. Du atmest ruhig und entspannt in diesen Raum hinein, ziehst die Kraft der Erde bis in die Schulterblätter und hinauf in die Nackenwirbel. Dein Kopf hebt sich. Du spürst die Wirbelsäule. Sie trägt Deinen ganzen Rücken, Deinen Kopf trägt sie. Du spürst die Schnur, die Dich in der Erde verankert hält. Dein Atem

fließt der silbernen Schnur, der Wirbelsäule entlang auf und ab, ein und aus.
Mit Deinem Atem wächst die silberne Schnur aus Deinem Kopf hinaus und steigt in die Höhe. Sie steigt weit, weit hinauf. Du spürst, wie sie ganz sanft an Deinem Kopf zieht und ihn ganz gerade hält. Sie hält Deinen ganzen Körper gerade. Die silberne Schnur bindet Dich an den Himmel. Sie hält Dich ganz sanft, ganz gerade. Du bist mit der silbernen Schnur mit dem Himmel und mit der Erde verbunden. Mit dem Einatmen ziehst Du die Kraft der Erde in Dich hinein und durch Dich hinauf. Mit dem Ausatmen strömt die Kraft des Himmels durch Dich hindurch. Du gibst Dich ganz diesem Gefühl der Energie hin, die durch Dich hindurch vom Himmel zur Erde und von der Erde zum Himmel strömt.
Du weißt, daß Du das Instrument bist, das Himmel und Erde verbindet und ihre Kraft zum Fließen bringt. Du bist die Verbindung. Du bist in beiden zu Hause.

4. Farbe, Duft und Licht

Du sitzt (oder liegst) ganz ruhig und entspannt da. Spüre ein paar Minuten nur Dich selbst, den Ort, wo Du bist. Spüre Deinem Atem nach, der ruhig und gleichmäßig fließt. Mit Deinem Atem nimmst Du teil an der Welt. Mit jedem Einatmen nimmst Du die Welt in Dich auf. Mit jedem Ausatmen gibst Du etwas von Dir selbst in die Welt hinein. Mit Deinem Atem stehst Du mit allem im Austausch. Stell Dir jetzt vor, Dein Atem sei farbig. Er hat Deine Lieblingsfarbe, meergrün vielleicht oder sonnengelb. Du atmest aus. Dein Atem strömt wie ein zarter farbiger Luftstrom aus Dir heraus. Ruhig und bewußt atmest Du ein und aus. Du schaust zu, wie Dein Atem die Welt um Dich herum ganz leicht in Deiner Farbe tönt. Ein und aus geht Dein Atem. Bei jedem Ausatmen nimmt Deine Umgebung den Schimmer Deiner Farbe an *(einzelne Dinge benennen, zum Beispiel die Wände des Zimmers, das Gras, auf dem Du sitzt; immer weiter ausdehnen, bis die ganze Welt die «Atemfarbe» angenommen hat).*

Jetzt stellst Du Dir vor, Dein Atem habe auch einen Duft. Nimm das, was Du am liebsten riechst, Lavendel zum Beispiel oder Sommerwiese. Bei jedem Ausatmen erfüllst Du die Welt mit diesem feinen, süßen Duft. Dein Atem ist erfüllt von Deiner Farbe und von Deinem Duft. Du spürst, wie der Atem, den Du aus Dir hinausströmen läßt, immer mehr Deine eigene Farbe, Deinen eigenen Geruch annimmt. Es

ist ein ganz einzigartiger Atem, Dein eigener Atem. Deine eigene Farbe, Dein eigener Duft.
Beim Einatmen nimmst Du alle Farben und Düfte um Dich herum in Dich auf. Beim Ausatmen gibst Du Deinen eigenen Duft, Deine ganz spezielle Farbe dazu. Du siehst, wie die Welt damit noch reicher, noch bunter, noch duftender wird. Du bleibst bei Deinem duftenden, zartfarbigen Atem. Ein und aus, ein und aus. Beim Einatmen spürst Du, wie die Farben und Düfte der Welt durch Deinen Körper fließen, wie sie alles in Dir ausfüllen. Bis ganz hinunter in die Zehen strömen sie. Sie wirbeln im Bauch herum, in Deinem Brustkorb. Von dort aus fließen sie durch die Arme in die Finger hinein und füllen alles mit Farbe und Duft aus. Du spürst, wie die Düfte und Farben der Erde Deinen Kopf durchströmen. Wie sie auf dieser Reise durch Deinen Körper alles lebendig und frisch machen.
Wenn Du ausatmest, mischt sich Deine eigene Farbe, Dein eigener Duft in all die Farben und Düfte der Welt. Du läßt sie langsam aus Dir herausströmen. Du schaust zu, wie die Welt um Dich herum farbiger wird, wunderbar duftet. Deine Farbe und Dein Duft breiten sich in der Welt aus und vermischen sich mit allem, was da ist. So nimmst Du mit dem Einatmen, was die Welt Dir schenkt und gibst mit dem Ausatmen Deinen Teil dazu. Dein Atem verbindet Dich mit

allem, was in dieser Welt ist. Ganz tief und regelmäßig atmest Du ein und aus, ein und aus und spürst, wie Du zu dieser Welt gehörst.
Mit dem Ein- und Ausatmen beginnen sich die Farben und Düfte langsam aufzulösen. Sie verwandeln sich in warmes, helles Licht, das Dich ganz umgibt. Du sitzt in diesem goldenen, warmen Licht. Dort, wo die Sonne durch die Bäume auf den Waldboden scheint. Dort sitzt Du, ganz in dieses Licht gebadet. Wenn Du einatmest, atmest Du dieses Licht ein, wenn Du ausatmest, atmest Du Licht aus. Du spürst, wie es Dich ganz ausfüllt, wie es die Welt um Dich herum ausfüllt. Dein Körper beginnt sanft zu leuchten, die Haut läßt das goldene Licht durchschimmern. Innen und außen ist nur warmes, weiches Licht. Es umhüllt Dich, mit Deinem Atem fließt es in Dich hinein. In Dir und um Dich herum ist alles nur Licht. Wenn Du ausatmest, atmest Du einen Strom von Licht aus. Du bist da, umgeben von Licht. In Dir ist Licht. Du atmest es ein, atmest es aus.

5. Die Schatztruhe

Fantasiereise

Du liegst ausgestreckt am Strand. Der Sand unter Dir ist warm… Du räkelst Dich und gräbst Dich richtig in den Sand hinein, so daß Du Dich absolut wohl und bequem fühlst. Du spürst die Sonne auf Deiner Haut, sie brennt nicht, sie rötet Dich nicht, sie strahlt ganz sanft auf Dich herab und hält Dich warm. Ein angenehmer Wind fächelt Dir Gesicht und Körper. Es ist ein herrlicher Tag am Strand. Du liegst da im warmen Sand, hast gar nichts zu tun und fühlst Dich rundum wohl. Du hörst, wie kleine Wellen träge auf den Sand laufen. Sie kommen heran und fließen wieder ab. Kommen heran, fließen ab. Lecken am Sand und ziehen sich wieder zurück. In einem immer gleichen, zeitlosen Rhythmus. Im Rhythmus von Deinem Atem.

Du blickst hinaus auf das endlose Wasser und siehst weit draußen auf dem Meer etwas schwimmen. Von den Wellen getragen, kommt dieses Etwas – Du kannst nicht erkennen, was es ist – auf Dich zu. Es wird in einiger Entfernung, links von Dir, auf den Strand geschwemmt. Du blickst (ohne die Augen wirklich zu öffnen) zu dem Ding hin, das das Meer mitgebracht hat. Deine Neugier ist geweckt. Zwar liegst Du so wunderbar bequem in Deinem Sandbett, bist so schön faul und möchtest gar nicht aufstehen. Aber das Ding zieht Dich magisch an. Du mußt einfach wissen, was es ist. Ganz, ganz langsam stehst Du auf und gehst zu dem Ding hin. Jetzt er-

kennst Du, was es ist. Es ist eine Art Truhe, ein Schiffskoffer oder eine Kiste.

Sie können auch das Kind erzählen lassen, was es ist.

Die Kiste ist verschlossen, Deine Neugier ist geweckt. Du möchtest unbedingt wissen, was in der Kiste ist. Du untersuchst die Kiste, schaust Dir das Schloß genau an. Weil Du natürlich kein Werkzeug mitgenommen hast an den Strand, schaust Du Dich um und überlegst, wie Du das Schloß oder die Kiste öffnen kannst.

Lassen Sie das Kind erzählen, wie es das Schloß oder die Kiste aufmacht.

Wunderbar. Du hast es geschafft. Du hebst den Deckel an und blickst in die Truhe hinein. In der Truhe ist...

Lassen Sie das Kind erzählen, mit möglichst vielen Details, was es in der Truhe findet. Fragen Sie ruhig nach: Wie groß ist es, welche Farbe hat es usw. Dann leiten Sie das Kind an, selbst zu dem beschriebenen Objekt zu werden und die Geschichte dieses Objektes zu erzählen. Wenn das Kind nicht mehr weiterkommt, spinnen Sie den Faden ruhig weiter oder stellen Sie Fragen, ermuntern Sie es zum Weitermachen.

Hören Sie solchen Geschichten gut zu, denn das Kind wird Ihnen etwas Wichtiges über es selbst erzählen. Wie es die Truhe öffnet, sagt Ihnen etwas darüber, wie das Kind mit praktischen Problemen umgeht. Was immer es in der Schatztruhe findet, ist ein Teil seines Inneren, ein Teil, der ihm nicht selbst bewußt ist, aber es stark beschäftigt. Wenn Sie genau hinhören, was es ist, das Ihr Kind bewegt, können Sie es dabei unterstützen, auf ungelöste Fragen Antworten zu finden.

6. Botschaften der Tiere

Identifikation

Diese Übung machen Sie am besten im Freien. Es ist notwendig, daß für ein paar Minuten die Stimme eines Tieres – Vogelgezwitscher, Hundegebell, das Muhen von Kühen, das Zirpen von Grillen – zu hören ist. Stimmen Sie die Übung darauf ab.

Spüre, wie die Strahlen der Sonne Deine Haut wärmen. Spüre den Wind um Dich herum tanzen, Dich zärtlich streicheln. Die Welt um Dich herum ist voll von Gerüchen, süßen und bitteren, aromatischen und scharfen. Du läßt diese Gerüche mit Deinem Atem in Dich hineinströmen und atmest sie wieder aus. Ein und aus, ein und aus. Du bist ganz da in der Natur, ganz Teil dieser Welt, die Dich umgibt. Du entdeckst, daß die Welt um Dich herum auch voller Geräusche ist. Die verschiedensten Klänge und Töne dringen in Deine Ohren. Du läßt sie als einen undeutlichen Geräuschteppich im Hintergrund bleiben. Atmest ein und aus, ein und aus.

Jetzt hörst Du aus dem Gewirr von Geräuschen und Tönen ganz deutlich die Stimme «eines Tieres» heraus *(benennen Sie es)*. Du hast das Gefühl, das Tier spricht zu Dir. Seine Sprache ist Dir völlig fremd. Du möchtest es aber unbedingt verstehen. Ganz konzentriert und aufmerksam lauschst Du seiner Stimme. Laß Dich ganz in «die Töne» *(benennen)*, die das Tier von sich gibt, hineinfallen. Laß Dich mittragen von

seiner Sprache und vergiß, wie Du als Mensch empfindest. Versetze Dich ganz in das Tier hinein und laß seine Sprache auf Dich wirken. Du erlebst, daß dieses Geschöpf ganz anders empfindet als Du. Versuche hinauszuhören, was das Tier Dir sagen will. Was drückt es aus? Ist es Lebensfreude oder Schmerz, Furcht oder Lust, Fröhlichkeit oder Trauer? Laß einfach seine Stimme auf Dich wirken, in Dich hineindringen. Spüre ganz in den Ausdruck des Tieres hinein, versenke Dich in diesen Dir so fremden Ausdruck. Laß alle Gedanken, ob das Geräusch Dir angenehm oder unangenehm ist, beiseite. Konzentriere Dich einzig darauf, was in dem Wesen vorgeht, lasse die Töne in Dich hineinklingen, bis Du ihren Ausdruck verstehst.

Verbinde Dich ganz mit dem Wesen, das Dir seine Botschaft anvertraut. Empfinde seine Gefühle mit. Laß Dich ganz auf dieses andere Wesen ein, das die Erde mit Dir teilt. Es spricht zu Dir, weil Du gelernt hast, es zu verstehen.

7. Botschaften der Pflanzen

Identifikation

Für diese Übung brauchen Sie eine Pflanze, die am Gedeihen und Blühen ist und eine, die am Verwelken und Sterben ist. Machen Sie die Meditation am besten im Freien. Zur Not tun es Zimmerpflanzen auch. Stimmen Sie die Übung auf die Umstände ab.

Du sitzt da, im Garten Gottes. Du spürst, wie Du darin zu Hause bist. Du gehörst zu all den anderen Geschöpfen, die mit Dir in diesem Garten leben. Du atmest ein und aus, ein und aus. Alles um Dich herum atmet im gleichen Rhythmus ein und aus. Die Bäume und Blumen, die Schmetterlinge und Bienen, die Käfer und Vögel atmen mit Dir zusammen ein und aus, ein und aus. Die Luft um Euch herum trägt den Atem von Euch allen und Ihr atmet ihn ein und aus, ein und aus. Mit dem Ausatmen gibst Du, so wie alle andern, einen Teil von Dir selbst in die Welt zurück.

In der unendlichen Vielfalt von Formen und Farben schenkst Du jetzt Deine ganze Aufmerksamkeit «dieser Pflanze» *(benennen Sie sie)*. Löse Dich jetzt von allem andern, was um Dich herum geschieht, und wende Dich jetzt ganz «dieser Pflanze» zu. Betrachte sie ganz ruhig. Atme ein und aus, ein und aus, und spüre, wie auch sie mit Dir atmet. Sei einfach ein bißchen bei ihr, schaue sie an, spüre, wie sie mit den Wurzeln in der Erde steht, wie sie Kraft aus dem Boden und aus dem Sonnenlicht zieht, wie sie langsam und stetig ihrem

Höhepunkt entgegenwächst. Spüre, wie sie danach strebt, ihre Vollendung zu erreichen, sich ganz aufzutun, voll zu erblühen und sich in ihrer Blüte ganz in die Welt hinein zu verströmen. Sei ganz mit Deiner Aufmerksamkeit bei der Pflanze, betrachte jede Kleinigkeit ihres Treibens und Wachsens.

Geben Sie dem Kind jetzt Zeit, jedes Detail der noch werdenden Pflanze zu betrachten. Wenn Sie spüren, daß seine Aufmerksamkeit wandert, holen Sie es sanft zurück: «Du atmest ruhig ein und aus, bist ganz ‹bei der Pflanze› ...»

Du hast jetzt «die Pflanze» genau betrachtet, bist ihr ganz, ganz nahegekommen. Löse Dich jetzt von der äußeren Form «der Pflanze», schließ die Augen und spüre ganz in Dich hinein, was Deine Seele Dir jetzt sagt. Laß die Gedanken und Gefühle, die die wachsende und blühende Pflanze in Dir auslöst, aus Deinem Innern heraufsteigen und höre ihnen gut zu.

Das Kind darf ruhig über seine Empfindungen sprechen, wenn es möchte.

Du atmest ein und aus, ein und aus und spürst, wie die Welt um Dich herum lebendig ist und mit Dir atmet. Öffne jetzt wieder Deine Augen und kehre zurück in die Welt um Dich herum. Schenke jetzt Deine Aufmerksamkeit «dieser Pflanze».

Du siehst, daß sie den Höhepunkt überschritten hat. Sie hat sich selbst der Welt geschenkt und neigt sich jetzt ihrem Ende zu. Sie macht sich bereit, dorthin zurückzukehren, woher sie gekommen ist – in die Erde. Sie hat ihren Weg vollendet, ihre Aufgabe erfüllt und darf nun wieder in den Schoß der Erde zurückkehren. Betrachte jetzt «die Pflanze» ganz genau. Schau Dir jede Einzelheit an, schenk ihr Deine ganze Aufmerksamkeit. Atme ein und aus, ein und aus und spüre, wie «die Pflanze» mit Dir atmet. Bleib bei ihr und spüre Dich in sie hinein. Betrachte auch die winzigste Kleinigkeit. Sei ihr ganz nah, ganz nah.

Geben Sie dem Kind ein paar Minuten Zeit, sich die welkende und sterbende Pflanze genau anzuschauen. Wenn seine Aufmerksamkeit nachläßt, führen Sie es wieder zur Aufgabe zurück.

Du hast jetzt jede Einzelheit «dieser Pflanze» angeschaut. Schließe die Augen, löse Dich von der äußeren Hülle «der Pflanze». Horche ganz tief in Dich hinein, was der Zustand «dieser Pflanze» in Dir für Gefühle und Gedanken auslöst. Höre gut zu, wie Deine Seele auf die in die Erde zurückkehrende Pflanze reagiert.

Lassen Sie das Kind über seine Empfindungen reden, wenn es das möchte.

Atme ein und aus, ein und aus. Spüre, wie Du aufgehoben bist im Garten Gottes, dort, wo alles lebt und alles vergeht und wieder lebt. Spüre, wie Du zu Hause bist in seinem Garten, wo alles Leben in einem ewigen Kreislauf aufgehoben ist.

8. Die innere Welt

Imagination

Du gehst über eine sonnenbeschienene Wiese auf einen Hügel zu. Du atmest die warme, duftende Sommerluft ein und aus, ein und aus. Deine Füße berühren das Gras, Du fühlst Dich wohl, genießt die Wärme. Du gehst ganz entspannt und locker dem Hügel entgegen. Beim Näherkommen entdeckst Du den Eingang zu einer Höhle. Voller Neugier betrittst Du den Eingang und gelangst in eine Art Tunnel, einen hohen Gang aus Stein. Es ist gar nicht dunkel. Der Gang leuchtet in einem matten, warmen Licht. Du wanderst den Gang entlang, fühlst Dich wohl und geborgen im Innern des Berges.

Du atmest den angenehmen Geruch der Felsen ein und aus, ein und aus.

Jetzt weitet sich der Gang zu einem großen Raum aus Stein. In der Mitte des Raumes siehst Du einen Steinsockel. Du gehst darauf zu und setzt Dich. In der Höhle ist es angenehm warm, die Luft zum Atmen ist frisch. Du sitzt auf dem Sockel und läßt die Höhle auf Dich wirken. Du fühlst Dich wohl und entspannt im hohen, weiten Felsenzimmer.

Entlang den Wänden sind Sitzbänke in den Fels gehauen. Da sitzen eine ganze Reihe von Gestalten. Sie tragen helle Umhänge mit Kapuzen. Die Gesichter kannst Du nicht sehen. Du weißt nicht, wer die Gestalten sind, aber Du hast das Gefühl, sie zu kennen. Du hast keine Angst. Du fühlst Dich eher zu

den Wesen hingezogen. Du bist ganz bei Dir, atmest ein und aus, ein und aus und wartest, was geschieht.
Jetzt steht eine der Gestalten langsam auf und kommt auf Dich zu. Sie steht vor Dir und sagt: «Ich bin die Angst, ich bin Deine Schwester.» Du begrüßt die Gestalt und freust Dich, daß sie sich Dir zeigt. Sie zieht sich die Kapuze vom Kopf und zeigt Dir ihr Gesicht.

Lassen Sie das Kind beschreiben, wie «Angst» aussieht.

Die Gestalt sagt: «Ich bin die Angst, und ich habe ganz wichtige Aufgaben.»

Lassen Sie das Kind beschreiben, was «Angst» für Aufgaben erfüllt. Wenn das Kind nicht weiter weiß, helfen Sie ihm: Angst verhindert zum Beispiel tollkühne oder gefährliche Handlungen.

Du nimmst die Hand von «Angst» in Deine. Du hältst sie fest und spürst, wie «Angst» zu Dir gehört wie eine Schwester. Du mußt sie nicht wegschieben oder sich ihrer schämen. «Du bist Angst», sagst Du zu ihr. «Und ich begrüße Dich als meine Schwester.»

Lassen Sie jetzt eine Gestalt nach der andern aufstehen und sich vorstellen als Schwester oder Bruder. Sie können es aber auch dem Kind überlassen, die einzelnen Gestalten auftreten zu lassen, zum Beispiel

Neid	*Aufgabe: Zeigen, was man selbst möchte; Ansporn, das zu verwirklichen.*
Eifersucht	*Aufgabe: Tiefe Bedürfnisse bewußt zu machen; Ansporn, sie sich zu erfüllen.*
Zorn	*Aufgabe: Eigene Stärke, Kraft zu spüren; Ansporn, Dinge zu verändern.*
Geiz	*Aufgabe: Besitz einzuschätzen; Geben und Nehmen zu üben.*
Stolz	*Aufgabe: Zu sich selbst stehen lernen, ja zu sagen zu sich, eigene Leistungen zu schätzen.*
Trauer	*Aufgabe: Abschied zu nehmen von Konzepten, Menschen oder Dingen; innere «Reinigung»; wichtig, damit Vergangenes abgeschlossen werden kann.*

Du stehst da, in der großen Felshöhle, inmitten Deiner Brüder und Schwestern. Sie haben die Umhänge abgelegt. Sie lächeln Dir zu. Gemeinsam macht Ihr Euch auf den Weg durch den Felsentunnel hinaus auf die sonnenbeschienene Wiese. Eine Gestalt nach der andern tritt zu Dir hin und in Dich hinein. Mit jeder Gestalt fühlst Du Dich sicherer und stärker. Du spürst die Kraft Deiner Brüder und Schwestern in Dir. Du weißt, sie gehören alle zu Dir und sie helfen Dir, die Aufgaben, die das Leben Dir stellt, zu erfüllen. Mit ihnen zusammen bist Du stark und für alles, was das Leben Dir bringt, bereit.

9. Der Garten Gottes

Um Dich herum ist es dunkel. Du liegst in warmer luftiger Erde, eingehüllt in eine lose, glänzende Hülle. Du atmest den Duft des Erdbodens. Du fühlst Dich aufgehoben im Schoß von Mutter Erde. Ohne die Augen jetzt zu öffnen, schaust Du Dich um. Überall siehst Du zahllose silberne Zwiebelknollen, wie Du eine bist. Alle zusammen ruht Ihr in der weichen Erde. Warm und geschützt, genährt und behütet.

Du spürst, wie sich in Dir etwas regt, wie Du anfängst zu wachsen. Wie Du Würzelchen machst, die in die Erde greifen. Wie oben ein Sproß aus der Schale herausstößt und ganz, ganz langsam durch die dunkle, lockere Erde nach oben wächst. Wieder blickst Du Dich um. All die anderen Knollen sind auch ganz damit beschäftigt zu wachsen und sich zu entfalten. Die eine macht einen ganz krummen und verdrehten Stiel. Trotzdem wächst sie eifrig. Unbeirrt und ganz hingegeben folgt sie ihrem Pfad nach oben. Eine andere hat ganz matte Haut. Ihre Würzelchen sind verkümmert. Aber auch sie ist sicher und gut aufgehoben in der Erde. Auch sie ist Teil der Gemeinschaft. Sie geht nicht verloren.

Deine Aufmerksamkeit wandert zu einer andern Knolle. Sie ist prall und rund, ihre Wurzeln kräftig, ihr Stämmchen dick und fest. Daneben schläft eine kleine Zwiebel noch ganz fest geschlossen. Es wird noch eine Weile dauern, bis sie überhaupt aufwacht und sich ans Wachsen macht.

Ganz ruhig und entspannt blickst Du auf Deine Gefährtinnen und wächst langsam und stetig weiter in die Höhe. Du nimmst einen Lichtschimmer wahr, der die Erde um Dich herum ganz sanft leuchten läßt. Dabei entdeckst Du noch mehr Zwiebelchen. Die einen sind noch ganz klein und geschlossen, andere groß und kräftig. Es gibt kranke und sterbende. Es gibt krumme und gerade. Aber alle, alle folgen ihrem Ruf: Hinauf, dem Licht entgegen oder wieder zu Erde werden und dann neu beginnen. Du spürst, Ihr seid alle geborgen und aufgehoben im Schoß der Erde. Das Licht von oben zieht Euch himmelwärts. Keine geht verloren, keine ist am falschen Ort.
Mit dem Licht, das durch die Erde schimmert, wächst Du noch schneller nach oben. Jetzt stößt Du mit dem Kopf an ganz lockere Erde, noch ein tiefes Einatmen und Du bist durch. Dein geschlossener Blütenkopf taucht durch die Erde in ein helles, warmes Leuchten. Du blickst Dich um und siehst, daß Du in einem wunderbaren Garten stehst. Dort, wo Du durch die Erde gestoßen bist, sitzt ein strahlender Engel und schaut auf Dich herab. Er hat die ganze Zeit auf Dich gewartet. Du spürst seine Freude darüber, daß Du es geschafft hast. Er begrüßt Dich und heißt Dich im Garten Gottes willkommen. Voller Freude öffnest Du Blättchen um Blättchen und bietest Deine Blüte dem Engel dar. Rund um Dich

herum siehst Du, wie ständig neue Triebe durch die Erde stoßen, jeder von seinem Engel erwartet und begrüßt. Und auch sie öffnen sich und beginnen in den schönsten Farben und Formen zu blühen.

10. Krankheit und Schmerz

Lesen Sie die Meditation durch und stimmen Sie sie auf den Zustand des Kindes ab. Wichtig ist, daß Sie das Kind wirklich zum Schmerz – im Kopf, Bauch oder Zahn –, an die Verletzung – Stauchung, Bruch, Quetschung – oder an die Krankheit heranführen können.

Wir wollen jetzt zusammen auf Entdeckungsreise gehen und versuchen herauszufinden, warum Du krank geworden bist, warum Du Schmerzen hast. Du kannst Dich jetzt ganz entspannen. Lege Dich so hin, daß Du Dich so wohlfühlst, wie es Dir trotz Krankheit und Schmerzen möglich ist. Atme ein paarmal ein und aus, sei ganz bei diesem Atmen. Laß den Schmerz jetzt gehen und wende Deine Aufmerksamkeit Deinen Füßen zu. Atme zu den Füßen hin und entspanne sie ganz. Jetzt Deine Waden. Gehe langsam hinauf bis zu den Knien. Atme zu ihnen hin und laß alle Anspannungen los. Laß ganz einfach alles ganz, ganz locker werden. Spüre weiter die Beine hinauf, Oberschenkel, Po. Spüre, wie sich Dein Bauch entspannt. Atme ganz ruhig und regelmäßig ein und aus. Entspanne Deinen Rücken, laß Deine Schultern los, den Hals, der Deinen Kopf ganz gerade und leicht trägt. Atme einfach in Deinen Körper hinein, der jetzt ganz entspannt ist. Ein und aus, ein und aus. Spüre, wie der Atem Deinen ganzen Körper – von den Zehenspitzen bis zu den Haaren – durchströmt und ihm Kraft gibt.

Geh jetzt ganz langsam und vorsichtig mit Deiner Aufmerksamkeit zu der Stelle, wo der Schmerz beziehungsweise die Krankheit sitzt. Taste Dich sanft und liebevoll an diesen Ort heran. Sei eine Weile einfach da, bei Deinem Schmerz, so wie wenn Du am Krankenbett eines Freundes sitzen würdest. Atme ruhig ein und aus und bleibe mit Deiner Aufmerksamkeit und Anteilnahme bei Deinem Schmerz. Begrüße ihn wie einen lieben Bekannten. Heiß ihn willkommen. Sage ihm, daß Du verstehst, daß er Dir eine ganz wichtige Botschaft bringt. Öffne Dich ganz dem Boten Deiner Seele, sag ihm, daß Du jetzt bereit bist, ihn anzuhören. Frag ihn, was er Dir mitzuteilen hat, bitte ihn, zu Dir zu sprechen. Lausche einfach in Dich hinein, atme ruhig ein und aus und höre, was der Schmerz Dir mitteilt.

Wenn das Kind das Bedürfnis hat, soll es ruhig die Botschaften des Schmerzes erzählen. Sie können ihm auch Fragen stellen.

Jetzt leitest Du den Atem, der in Dich hineinströmt, zu der Stelle, wo der Schmerz/die Krankheit sitzt. Laß ihn dahin- und durch den Schmerz hindurchströmen. Spüre, wie der lebendige, frische Atem die schmerzende Stelle sanft streichelt. Bei jedem Einatmen nimmst Du ganz bewußt die heilende Kraft der Luft in Dich auf und führst sie zu Deinem Schmerz.

Bei jedem Ausatmen nimmst Du ein wenig von dem Schmerz mit und läßt ihn mit der Atemluft aus Dir herausströmen. Atme ein und aus, ein und aus. Nimm die Heilkraft der Luft in Dich hinein, laß sie durch den Schmerz hindurchströmen, und spüre, wie sie jedesmal ein bißchen Schmerz mit sich hinausträgt. Ein und aus atmest Du. Dankbar nimmst Du an, daß die Seele Dir einen Botschafter geschickt hat. Dankbar spürst Du die heilenden Kräfte. Du nimmst den Schmerz ganz an, ganz nahe zu Dir und läßt ihn dann mit dem reinigenden Atem aus Dir hinausströmen.

11. Atmen mit allem, was ist

Diese Übung können Sie wie vorgegeben machen, sie eignet sich aber auch sehr gut, um auf individuelle Situationen abgestimmt zu werden. Falls das Kind Schwierigkeiten hat mit bestimmten Menschen oder Situationen, können Sie diese Situationen oder Personen benennen und das Kind sie ein- und ausatmen lassen.

Spüre, wo Du bist. Atme ein und aus, ein und aus. Spüre, wie Du in Deinem Körper zuhause bist, wie Du Dich darin wohl fühlst. Atme in Deinen Körper hinein und wieder aus, ein und aus. Laß alle Anspannungen los, entspanne Dich und gib Dich ganz diesem Moment hin. Atme ruhig ein und aus, ein und aus. Atme Deine nächste Umgebung ein und wieder aus, laß sie in Dich hineinströmen, laß sie wieder gehen. Die Pflanzen *(evtl. anpassen)* hier im Zimmer – atme sie ein, nimm sie ganz zu Dir mit Deinem Atem und laß sie mit dem Ausatmen wieder los. Die Möbel *(benennen)* – atme sie ein und wieder aus. Atme die Geräusche *(benennen)* ein, und atme sie wieder aus. Nimm sie mit Deinem Atem ganz nah zu Dir und laß sie dann wieder ziehen. Ein und aus, in Dich hinein, aus Dir heraus. Mit jedem Einatmen nimmst Du Deine Umgebung ganz, ganz nah zu Dir. Mit jedem Ausatmen läßt Du sie wieder gehen. Atme jetzt das ganze Zimmer ein und aus, nimm es zu Dir, mach es Dir zu eigen und laß es mit dem Atem wieder von Dir fortströmen. Atme das

Haus ein, mit allem, was drin ist. Zieh es zu Dir und atme es wieder aus. Laß es aus Dir hinausströmen. Nimm jetzt mit Deinem Atem das ganze Quartier in Dich auf, werde ganz eins damit und laß es wieder los. Ein und aus, zu Dir hin und von Dir fort. Die ganze Stadt, mit allem, was in ihr ist – atme sie ein und aus, in Dich hinein, aus Dir heraus. Atme das ganze Land ein und aus, ein und aus. Mach es Dir ganz zu eigen, nimm es ganz, ganz nah an Dich heran, tief in Dich hinein. Halt es einen Moment ganz fest und laß es dann wieder los. Laß es gehen, aus Dir heraus, von Dir fort. Atme den ganzen Kontinent ein und aus, den ganzen Kontinent mit allem, was da ist – mit den Menschen, den Städten, den Gebirgen, den Meeren, den Wäldern, den Tieren. Atme sie alle, alle ein und aus, ein und aus. Nimm sie in Dich hinein, mach sie zu einem Teil von Dir selbst und laß sie dann wieder los, laß sie wieder gehen, aus Dir herausströmen. Ein und aus, ein und aus.

Geh mit Deinen Gedanken jetzt zu Deiner Schule. Geh ins Klassenzimmer, betrachte Deine Kameraden/Kameradinnen, Deine Lehrer/Lehrerinnen. Gehe ganz nah zu ihnen hin und atme sie ein, zieh sie mit Deinem Atem zu Dir, in Dich hinein. Spüre sie in Dir drin und spüre auch, daß Du sie wieder loslassen darfst. Laß sie sanft aus Dir hinausströmen. Atme sie nochmals ein, nimm sie zu Dir und dann laß sie wieder

gehen. Ein und aus. In Dich hinein, aus Dir heraus. Denke an jene, mit denen Du Schwierigkeiten hast, die Dich verletzt haben oder denen Du böse bist. Atme sie ein, nimm sie ganz nahe zu Dir, halte sie einen Moment fest und laß sie dann wieder gehen. Ein und aus, ein und aus, ein und aus. Laß sie ganz nah zu Dir kommen, dann laß sie sanft wieder los und aus Dir herausströmen. Ein und aus, ein und aus.
Denk an jene Dinge, die Dich am meisten beschäftigen, vor denen Du vielleicht Angst hast, die Dir unangenehm sind. Nimm ein Problem ums andere, atme es ein und aus, ein und aus. Mach es ganz Teil von Dir und dann laß es los. Laß es von Dir fortströmen, gib es hinaus, in die Welt hinein. Ein und aus, ein und aus. Atme ganz ruhig ein, halt das, was Du eingeatmet hast, einen Moment ganz fest bei Dir, dann öffne Dich und laß alles, alles mit Deinem Atem aus Dir herausströmen.
Du mußt nichts festhalten, darfst alles kommen und gehen lassen. Darfst es Dir zu eigen machen und dann wieder loslassen. Ein und aus strömt der Atem. Zu Dir hin und von Dir fort strömt das Leben. Ein und aus, nichts bleibt immer gleich. Alles fließt, alles verändert sich. Du nimmst und Du gibst. Ein und aus atmest Du, ein und aus, mit allem, was ist.

12. Mein Zimmer, ich selbst

Im eigenen Zimmer

Du legst oder setzt Dich bequem hin. Du läßt Dich atmen. Die Luft strömt durch Deinen Körper, fließt, erfrischt Dich. Du erlebst das rhythmische Ein und Aus, Ein und Aus. Vielleicht spürst Du Unterschiede in Deinem Körper. Vielleicht empfindest Du irgendwo Kältegefühle oder Stellen von strömender Wärme. Du nimmst sie wahr, hältst Dich aber nicht auf bei ihnen. Gedanken schieben sich in Deine Wahrnehmung, lenken Dich ab. Du läßt sie kommen und gehen wie Wolken, die am Himmel dahinziehen. Du konzentrierst Dich weiter auf Deine Atmung, folgst dem Ein und Aus. Jetzt wendest Du Dein Interesse Deiner Umgebung zu. Deinem Zimmer mit Deinen Sachen. Da ist Dein Zimmer. Schau es Dir mit geschlossenen Augen gut an. Gehe zu den einzelnen Dingen hin. Spüre, wie Du zu Deinem Zimmer wirst. Ohne laut zu sprechen sagst Du zu Dir: «Ich bin mein Zimmer.» Jetzt läßt Du Dein Zimmer sprechen. Was sagt es über sich? Ist es schön und hell oder ungemütlich und düster, aufgeräumt oder in Unordnung, warm oder kalt, ruhig oder laut, die Sonne scheint herein oder liegt es im Schatten?

Lassen Sie dem Kind Zeit, das Zimmer zu sich sprechen zu lassen, geben Sie ihm weitere Anhaltspunkte, wie

Du befindest Dich in diesem Zimmer, an dieser Straße,

in diesem Ort. Wie sieht Deine Umgebung aus? Wer sind Deine Nachbarn?

Wenn Du Dich möglichst genau als Dein Zimmer beschrieben hast, frag Dich jetzt, was sagt Dein Zimmer über Dich aus? Welche Antworten kann Dir Dein Zimmer geben auf die Frage «Wer bin ich?»

13. Innere Stille

Die folgenden Übungen dienen dazu, sich Vor-Urteile bewußt zu machen. Damit kann man anfangen, sie abzubauen. Sie helfen dem Kind auch, Situationen oder Menschen unvoreingenommener zu begegnen und flexibler zu reagieren. Diese Übungen können gut auf konkrete Situationen oder Begegnungen mit Menschen abgestimmt werden.
Erklären Sie die allgemeine Übung so lange, bis das Kind verstanden hat, worum es geht. Dann können Sie sie auf konkrete Begebenheiten anpassen und wie gewöhnlich mit einer kurzen Entspannung und Konzentration auf das Atmen einleiten.

Übung 1

Versuche, über Menschen, die Du kennst, nicht zu urteilen. Sobald Du merkst, daß Du sie in eine Kategorie einteilst: sympathisch oder unsympathisch, dumm oder gescheit, hübsch oder häßlich, interessant oder langweilig, sagst Du «Stop». Versuche statt dessen, das Wesen dieses Menschen zu erfahren, indem Du Dich für einen kurzen Moment in ihn hineinversetzt, Dich mit ihm identifizierst. So beginnst Du, einen Menschen nur aus ihm selbst heraus zu verstehen. Am wirkungsvollsten übt man an Menschen, die man am wenigsten leiden kann oder mit denen man einen Konflikt hat. Laß Deine Antipathie für einen Moment schweigen, laß alles, was dieser Mensch tut, unbefangen auf Dich wirken. Mit der Zeit wirst Du nicht nur anfangen, diesen Menschen zu verstehen, sondern beginnen, ihn in seiner Eigen-Art zu akzeptieren.

Übung 2

Befindest Du Dich in einer Umgebung oder einer Situation, über die Du sofort urteilen willst, unterlaß das Urteil und setz Dich unbefangen den Eindrücken aus. Laß Deine eigene, spontane Reaktion auf die Umgebung, auf die Situation schweigen, mach Dich innen ganz still und laß vielmehr Deine Eindrücke zu Dir sprechen. Mit der Zeit und mit ein wenig Übung wirst Du zum Beispiel aus Situationen, die Dich vielleicht vorher stets nur verärgert haben, plötzlich Neues und Spannendes lernen. Oder eine Umgebung, die Dich mit Unbehagen erfüllt hat, erhält auf einmal ein ganz anderes Gesicht.

Übung 3

Gewöhne Dir an, die Dinge und Ereignisse mehr zu Dir sprechen zu lassen, als daß Du über sie sprichst. Dehne diese Übung auch auf Deine Gedankenwelt aus. Unterlasse als Übung diesen oder jenen spontanen Gedanken und laß lediglich das, was draußen ist, Deine Gedanken bewirken.

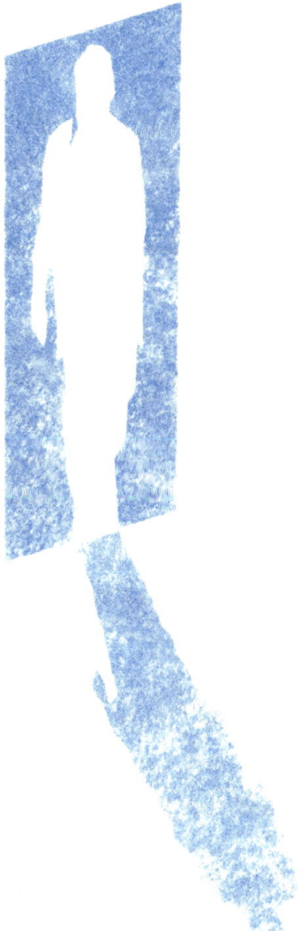

14. Quelle

Die beiden Meditationen «Quelle» und «Paradies» machen Sie jeweils nur einmal mit dem Kind. Sobald es seine Quelle gefunden, sein Paradies eingerichtet hat, kann es sie immer dann aufsuchen, wenn es das Bedürfnis dazu hat. Erklären Sie ihm, daß diese Orte da sind, um ihm Kraft zu geben, wenn es müde ist, Schmerzen zu lindern, Trost zu spenden bei Verzweiflung oder Entspannung zu bieten, wenn alles zuviel wird. Raten Sie ihm, diese Orte jederzeit aufzusuchen, zum Beispiel auch in Schulpausen, vor Klassenarbeiten, vor Prüfungen, vor schwierigen Begegnungen.

Die folgende Anleitung dient dazu, immer wieder zu seinem Paradies, zu seiner Quelle zu kommen. Machen Sie die Übung mit dem Zählen ein paarmal mit dem Kind, bis es sie gut allein machen kann:

Um zu Deiner Quelle oder zu Deinem Paradies zu kommen, liegst Du im Bett oder sitzt bequem mit geradem Rücken. Du atmest ruhig ein und aus, bleibst kurze Zeit dabei, läßt Dich atmen. Bei jedem Ausatmen läßt Du ein bißchen mehr los, entspannst Dich mehr und mehr. Zähle mit jedem Ausatmen von sieben bis eins. Bei sieben ausatmen, bei sechs ausatmen und loslassen, bei fünf ausatmen, noch mehr entspannen, bei vier spürst Du, wie Du sinkst, bei drei sinkst Du noch tiefer, bei zwei wirst Du noch schwerer und lockerer, bei eins bist Du ganz entspannt.

Jetzt bist Du bereit, zu Deiner Quelle, in Dein Paradies zu gehen. Du trägst helle, leichte Gewänder. Du atmest die reine, klare Luft, spürst den Boden unter Deinen nackten Füßen.

Alles geschieht, wie Du es Dir wünschst. Tiefer Friede umfängt Dich. Verweile dort, solange Du möchtest. Um wieder in den Alltag zurückzukommen, zählst Du beim Ausatmen von eins bis sieben, steigst nach und nach mehr ins Tagesbewußtsein herauf und bist bei sieben vollkommen wach, gesund und voller Kraft. Diese Meditation ist auch wunderbar zum Einschlafen. Anstatt von eins bis sieben zu zählen, läßt Du Dich einfach aus Deinem Paradies, von Deiner Quelle in den Schlaf gleiten.

Die Quelle finden

Setz oder leg Dich bequem hin. Konzentriere Dich einige Momente auf Deinen Atem. Spüre, wie er ganz ohne Dein Dazutun in Dich hinein, aus Dir herausströmt. Ein und aus, ein und aus. Jetzt gehst Du in Deinem Geist an einen Ort, der Deinen Vorstellungen von absoluter Schönheit entspricht. Das kann in einem Herbstwald sein, auf einer Frühlingswiese, in einem weiten Tal, auf einem Hügel. Wandere einfach herum, bis Du Deinen eigenen wunderbaren Ort gefunden hast. An diesem speziellen Ort entspringt eine Quelle. Sie ergießt sich in ein Becken. Du gestaltest jetzt dieses Becken ganz nach Deinen eigenen Vorstellungen. Es kann ein Brunnen aus Stein sein, ein natürlicher Teich, ein vom Wasser ausgewaschener Fels. Gestalte Dir das schönste Becken, das Du Dir vorstellen kannst. Wenn Du soweit bist, steigst Du langsam in Dein Becken, in das herrlich frische, angenehm warme Wasser. Alles, was blockiert ist, löst sich. Das Quellwasser nimmt alle Schmerzen mit sich. Aller Ärger, aller Kummer schwimmen im sprudelnden Wasser davon. Du badest in Deiner Quelle, Du erfrischst Dich, Deine Quelle umfaßt und trägt Dich, schenkt Dir Frieden und Harmonie und läßt Dich in einen erholsamen Schlaf sinken / läßt Dich erfrischt und gestärkt in Deinen Tag einsteigen.

Machen Sie das Kind nach Abschluß der Übung auf folgendes aufmerksam. Mit der Zeit merkst Du, daß das Bild dieser selbstgestalteten Quelle auch Deine innere Quelle sprudeln läßt. Du wirst aufmerksam auf das, was in Dir selbst gestalterisch tätig ist. Das können Ideen sein, Geistesblitze, Erkenntnisse und Einsichten, die ganz ohne Dein Zutun in Dir entstehen. Du spürst immer deutlicher, daß Du fähig bist, auch Dein eigenes Leben selbst zu gestalten. Sie können dem Kind auch empfehlen, seine Quelle zu zeichnen.

15. Paradies

Du bist ganz entspannt, auf Deinen Atem konzentriert. Du lauschst dem Ein- und Ausströmen des Atems. Du bist ganz bei Dir, fühlst Dich wohl und geborgen. Jetzt darfst Du Dir in Deiner Fantasie einen Ort des Friedens und der Harmonie vorstellen. Er kann zum Beispiel in den Bergen liegen oder am Meer, im Wald oder auf einer Wiese. Wichtig ist, daß der Ort alles enthält, was Du gern magst. An Deinem ureigenen speziellen Ort wachsen Deine Lieblingspflanzen. Deine Lieblingstiere versammeln sich dort. Auch die Menschen, die Du um Dich haben willst. An Deinem Ort hast Du all die Dinge, die Du gern hast. Alles richtet sich ganz nach Deinen Wünschen. Du bist der Zauberer, die Zauberin. Du bist in Deinem ureigenen, selbstgeschaffenen Paradies. Du spürst, wie Du aus Deinem Paradies Kraft schöpfst. Wie es Dir Zuversicht und Freude gibt. Sieh Dich gut um in Deinem Paradies, denn dies wird der Ort sein, an den Du immer wieder zurückkehren kannst, wenn Du das Bedürfnis dazu hast.

16. Schutzengel

Auch kleine Kinder brauchen ihren Schutzengel. Erzählen Sie auch dem ganz kleinen Kind vom besonderen Engel, der nur für es da ist. Der es behütet und beschützt. Sagen Sie ihm, daß es immer mit seinem Schutzengel reden kann, zum Beispiel wenn die Nacht zu dunkel ist, die Angst kommt oder das Herz schwer wird. Machen Sie den Schutzengel zu einer wirklichen Gestalt, die stets da ist und über dem Kind wacht.

Du sitzt oder liegst bequem da. Bist ganz bei Dir, beobachtest Deinen Atem. Das rhythmische Ein und Aus. Du bist entspannt und frei von allem Müssen. Ein und aus fließt Dein Atem. Du mußt gar nichts dazutun. «Es» atmet Dich. Du läßt Dich atmen. Du bist mit Deiner Aufmerksamkeit ganz bei Dir. Du spürst Dich in Deinem Körper ruhen. Um Dich herum nimmst Du einen hellen Schimmer wahr. Dein ganzer Körper ist umgeben von einem sanften Leuchten. Du verweilst mit Deiner Aufmerksamkeit bei diesem Licht. Dieses Leuchten steigt über Deinem Kopf auf und zieht eine Bahn gegen den Himmel hinauf, so wie die aufgehende Sonne eine leuchtende Spur aufs Wasser legt. Du folgst der schimmernden Bahn, die von Deinem Körper aufsteigt. Sie wird breiter und breiter, größer und größer. Ruhig fließt Dein Atem ein und aus, ein und aus. Du verweilst in diesem sanften Leuchten, das von Dir selbst, von Deinem Körper ausgeht.

Jetzt nimmst Du dort, wo sich die leuchtende Bahn ausweitet, eine Gestalt wahr. Sie besteht ganz aus dem schimmernden hellen Licht. Die Gestalt ist durch das Licht mit Dir verbunden. Sie strahlt eine umfassende Wärme und Liebe aus. Die Gestalt ist ganz für Dich da. Sie ist mit Dir durch das helle Licht verbunden. Sie ist ein Teil von Dir. Sie lauscht mit liebevoller Anteilnahme Deinen Gedanken. Sie begleitet fürsorglich Deinen Weg. Sie greift ein, wenn Dir Gefahr droht. Du hast Deinen Schutzengel gefunden. Der Engel, der nur für Dich da ist. Der stets über Dir wacht, bei Dir ist, Dich behütet und beschützt.

Du gehst mit Deiner ganzen Aufmerksamkeit jetzt zu Deinem Schutzengel. Du spürst, wie er durch das Licht mit Dir verbunden ist. Du spürst seine unendliche Liebe und weißt, daß Du ihm ganz vertrauen kannst. Du weißt, daß Du Dich immer an ihn wenden darfst, wenn Du das Bedürfnis hast. Daß er alles versteht, was Du denkst, was Du fühlst, was Du tust. Er urteilt nicht, er nimmt Dich an wie Du bist. Und er ist immer da, wenn Du ihn brauchst.

17. Die Reise zum Meer

Mach es Dir bequem an Deinem Platz. Laß alle Spannungen in Deinem Körper los. Laß die Gedanken in Deinem Kopf zur Ruhe kommen. Atme ganz leicht ein und aus, ein und aus. Spüre, wie «es» ohne Dein Zutun atmet. Ein und aus, ein und aus. Bei jedem Ausatmen entspannst Du Dich ein bißchen mehr, ein und aus, ein und aus. Du blickst mit geschlossenen Augen um Dich und stellst fest, daß Du Dich in einem milchigen Dunst befindest. Alles um Dich herum ist licht und hell, aber undurchsichtig. Du bist ganz von einem sanften, zarten Nebel eingehüllt. Du fühlst Dich wohl und geborgen in diesem Nebel. Du bist ganz Teil davon und wirst von ihm getragen. Jetzt spürst Du, wie Du Dich aus dem Nebel zu lösen beginnst. Dein Körper verändert sich. Du wirst rund und schwer. Du hast keine Arme, keine Beine, keinen Kopf mehr. Du bist zu einem wunderschönen, durchsichtigen Tropfen geworden. Noch hält Dich der helle Nebel um Dich herum fest, aber Du weißt, daß er Dich bald loslassen wird, daß Du jetzt gleich sanft hinunterfallen wirst. Leicht wie eine Feder fällst Du aus dem lichtdurchfluteten Nebel hinab. Du bist rund und prall, ein glitzernder Regentropfen, der jetzt an diesem warmen Sommertag aus einer Wolke zur Erde fällt. Du fällst durch die warme Luft und landest sanft auf einer blühenden Wiese. Die Blumen und Gräser um Dich herum freuen sich auf Deine Ankunft. Du

und all die andern Tropfen, die mit Dir vom Himmel fallen, stillen ihren Durst.
Ganz langsam sickerst Du durch den Boden in die warme Erde hinein. Auch dort wirst Du willkommen geheißen von zarten Würzelchen, von saftigen kleinen Zwiebelchen, von winzigen Tierchen. Durch den lockeren Erdboden rollst Du auf ein Rinnsal zu. Du läßt Dich hineinfallen und schwimmst mit diesem winzigen Bächlein weiter durch lockere Steine, durch warme Erde. Immer mehr Tropfen stoßen zu Euch, das Bächlein wird breiter, schneller. Nun siehst Du, wie es weit vor Dir heller wird. Du schwimmst dem Licht entgegen, freust Dich auf den Tag, freust Dich, aus der Erde heraus ans Licht zu kommen.
Als Quelle sprudelst Du klar und frisch aus dem Fels ins Tageslicht hinein. Du spürst, wie die Sonne Dich wärmt. Du spürst Dein Bett, in dem Du fließt. Glatte Steine, glitzernder Sand, glitschige Moose. Du siehst das Gras, die Blumen, die großen Bäume, die an Deinem Ufer wachsen. Von Zeit zu Zeit stößt ein neuer Bach zu Dir. Mit ihnen vereint wirst Du immer schneller, immer breiter. Jetzt bist du schon zu einem richtigen Fluß geworden. Träge und faul fließt Du in Deinem breiten Bett dahin. Plötzlich wird's enger und enger. Du stürzt jauchzend und schäumend über einen Felsen und sprudelst weit unten in ein tiefes, blaues Becken. Im Becken wirst

Du wieder ganz ruhig und still, ruhst Dich aus von Deiner langen Reise. Sanft läßt Du Dich aus dem Becken wieder ins Flußbett tragen. Jetzt kommst Du in eine Stadt. An Deinem Ufer sitzen Menschen und schauen Dich an, freuen sich an Deiner kühlen Frische. Häuser stehen da, Schiffe sind am Ufer festgemacht, eine Straße begleitet Dich. Du wirst in einen Kanal gezwängt, fühlst Dich eingeengt und beeilst Dich, um wieder in Dein natürliches Bett zu gelangen. Jetzt hast Du die Stadt hinter Dir gelassen. Du kannst wieder breit und kräftig dahinströmen. Die Landschaft um Dich herum ist weit und grün. Bäume lassen ihre Äste zu Dir ins Wasser hängen. Fische reisen eine Weile mit Dir und ruhen dann unter einem Stein am Ufer wieder aus. Immer breiter und mächtiger wirst Du, immer stärker und schneller. Du weißt, nichts kann Dich jetzt aufhalten auf Deiner Reise. Du wirst ganz sicher an Dein Ziel gelangen.
Jetzt verlangsamst Du Deine Reise, denn es ist nicht mehr weit bis an Dein Ziel. Breit und mächtig liegst Du in Deinem Bett. In Dir trägst Du all die Milliarden von Tropfen, die vom Himmel gefallen sind, all die Rinnsale, die Bäche, die sich Dir unterwegs zugesellt haben. Träge strömst Du Deinem Ziel entgegen. Du mußt nichts tun, einfach nur Deinem Weg folgen, Dich treiben lassen, fließen. Du darfst Dich ganz und gar hingeben, diesem wunderbaren Gefühl des Strömens auf

Dein Ziel zu. Jetzt bist Du da, am Ende Deiner großen Reise angekommen. Das tiefblaue, endlose Meer erwartet Dich, nimmt Dich auf. Du bist zuhause. Du hast Deine Bestimmung erfüllt. Du ergießt Dich in die endlose Weite des Meeres. Du gehst auf im Meer, wirst Teil davon, bist ganz und gar darin geborgen. Du bist der kleine, glitzernde Wassertropfen, der sich aus dem lichten Nebel auf die Reise gemacht hat und jetzt im unendlichen Meer sein Ziel erreicht hat.

Suzy Gubelmann-Kull

Ein Ich wächst aus Bewußtseinsinseln

Reifungsschritte in der Sandspieltherapie

149 Seiten, Broschur

Andy, der sechsjährige Enkel der Autorin, lebt im Sandkastenspiel seine Phantasien aus, gestaltet sein Inneres.
Suzy Gubelmann-Kull, Sandspieltherapeutin, interpretiert in ihrem Buch allgemeinverständlich den Symbolgehalt der einzelnen Bilder des Prozesses. Das Werk gibt Einblick in die (auch für Erwachsene geeignete) Sandspieltherapie, es zeigt die symbolische Bedeutung der Sandbilder und gibt ein Bild der Ich-Entwicklung zwischen 6 und 8 Jahren.

Ein Buch für Eltern und allgemein an Psychologie, Symbolik und an der Sandspieltherapie Interessierte.

WALTER-VERLAG